Louise Hay

Sabedoria para viver bem

Meditações para lidar com a vida com alegria e otimismo

SEXTANTE

Título original: *Inner Wisdom*

Publicado originalmente pela Hay House, Inc., Califórnia, EUA.
Sintonize a programação da Rádio Hay House em:
www.hayhouseradio.com

tradução: Ana Raquel Vasconcelos Maia

preparo de originais: Alice Dias

revisão: José Tedin, Leonardo Alves e Tereza da Rocha

projeto gráfico e diagramação: Valéria Teixeira

capa: Miriam Lerner

pré-impressão: ô de casa

impressão e acabamento: Yangraf Gráfica e Editora Ltda.

CIP-BRASIL. CATALOGAÇÃO-NA-FONTE
SINDICATO NACIONAL DOS EDITORES DE LIVROS, RJ

H328s Hay, Louise L., 1926-
Sabedoria para viver bem / Louise Hay [tradução de Ana Raquel Vasconcelos Maia]. – Rio de Janeiro: Sextante, 2009.

Tradução de: Inner wisdom
ISBN 978-85-7542-481-0

1. Meditações. 2. Afirmações. I. Título.

CDD 204
09-1406 CDU 2-4

Rua Voluntários da Pátria, 45 – Gr. 1.404 – Botafogo
22270-000 – Rio de Janeiro – RJ
Tel.: (21) 2286-9944 – Fax: (21) 2286-9244
E-mail: atendimento@esextante.com.br
www.sextante.com.br

Conheça outros títulos da Coleção *Auto-estima*

365 mensagens de sabedoria e compaixão, O caminho da tranqüilidade e *Uma ética para o Novo Milênio,* de Sua Santidade, o Dalai-Lama

A arte da meditação, de Daniel Goleman, Ph. D.

A arte da prudência, de Baltasar Gracián

A arte de viver, de Sharon Lebell

A cura através da terapia de vidas passadas, Muitas vidas, muitos mestres, Os espelhos do tempo e *Só o amor é real,* de Brian Weiss

A essencial arte de parar, de David Kundtz

Aprendendo a conviver com quem se ama, de Neale Donald Walsch

A sabedoria de Gandhi, seleção e introdução de Richard Attenborough

Conversando com os espíritos e *Em busca da espiritualidade,* de James Van Praagh

Cultivando a saúde do corpo e da mente, Meditações para a manhã e para a noite, O poder das afirmações positivas e *Pense positivo todos os dias,* de Louise Hay

Descobrindo a alegria de viver, de Salle M. Redfield

Dez leis para ser feliz, Pais brilhantes, professores fascinantes e *Você é insubstituível,* de Augusto Cury

Espiritualidade, de Leonardo Boff

Faça o seu coração vibrar, de Osho

Histórias para aquecer o coração, de Jack Canfield, Mark V. Hansen e Heather McNamara

Histórias para aquecer o coração das mães, de Jack Canfield, Mark V. Hansen, Jennifer Read Hawthorne e Marci Shimoff

Histórias para aquecer o coração dos adolescentes, de Jack Canfield, Mark V. Hansen e Kimberly Kirberger

Histórias para aquecer o coração dos pais, de Jack Canfield, Mark V. Hansen, Jeff Aubery e Mark & Chrissy Donnelly

Lições sobre amar e viver, de Morrie Schwartz

Não deixe para depois o que você pode fazer agora, de Rita Emmett

O outro lado da vida, de Sylvia Browne e Lindsay Harrison

Pequenos milagres, de Yitta Halberstam e Judith Leventhal

Praticando o Poder do Agora, de Eckhart Tolle

Introdução

Dentro de cada um de nós existe uma fonte de sabedoria maior e mais profunda do que imaginamos. As reflexões deste livro nos ajudam a criar uma conexão com essa fonte e a aumentar nossa compreensão da vida. Quando estamos dispostos a nos abrir para novas idéias e diferentes formas de pensar, tudo muda para melhor. Meu único objetivo é expandir cada vez mais o meu entendimento a respeito da vida e de como ela funciona. O que será que preciso saber, acreditar, dizer e fazer para que minha existência flua da maneira mais tranqüila possível?

Dentro de cada um de nós existe a capacidade de se conectar com a nossa origem, e é lá que está a paz que todos buscamos – a sabedoria interior que nos dá força nos momentos difíceis. Quando olhamos a vida de uma perspectiva mais ampla, vemos quão insignificantes são os problemas que temos. Só então compreendemos o ditado "Não faça tempestade em copo d'água", porque descobrimos que tudo é um copo d'água.

Toda vez que dizemos "Eu não sei", estamos fechando as portas para nossa infinita fonte de sabedoria. Dentro de nós estão todas as respostas para todas as perguntas que possamos fazer. Conhecemos o passado, o presente e o futuro. Se uma pessoa pode fazer uma coisa, então qualquer um pode. Todos nós temos potencial para saber mais, para ver mais, para entender mais e para ver a vida em perspectiva.

A maneira como começamos o dia define o tom das experiências que teremos e como reagiremos a elas. Uma boa forma de usar este livro é abri-lo ao acaso todas as manhãs, ao acordar. Com certeza, a página que você abrir trará a mensagem perfeita para o seu dia. Eu também gosto de ter pensamentos positivos à noite, antes de me deitar. Isso me ajuda a ter sonhos tranqüilos e a acordar com a mente fresca.

Lembre-se: na vastidão infinita da vida, tudo é perfeito, inteiro e completo... inclusive você.

Louise Hay

Eu sou uma pessoa que diz sim

Eu sei que estou em comunhão com a vida. Sou uma pessoa cercada e repleta de sabedoria infinita. Confio plenamente no Universo para me trazer experiências positivas. Fui criada pela vida e recebi este planeta para satisfazer todas as minhas necessidades. Qualquer coisa de que eu possa vir a precisar já está aqui esperando por mim. Não importa o que eu decida acreditar, pensar ou falar, o Universo sempre me diz sim. Não perco tempo com pensamentos negativos ou assuntos desagradáveis. Escolho ver a mim e a vida da forma mais positiva possível. Portanto, digo sim à oportunidade e à prosperidade. Digo sim a tudo que é bom. Eu sou uma pessoa que diz sim vivendo em um mundo que diz sim, sendo assistida por um Universo que diz sim. E sou muito feliz por isso.

SOU CENTRADO NA VERDADE E NA PAZ

Não importa onde eu esteja, só existe espírito, Deus, bondade, sabedoria, harmonia e amor. Não pode ser diferente. Não há dualidade. Não há problema sem solução nem pergunta sem resposta. Eu escolho ir além dos problemas para buscar a saída correta para qualquer conflito que possa aparecer na harmoniosa atmosfera do meu mundo. Estou disposto a aprender e crescer com esta aparente discórdia e confusão. Eu me liberto de toda culpa e olho para meu interior para buscar a verdade. Desejo a mim e a todas as pessoas que fazem parte da minha vida: paz, segurança, harmonia, um profundo sentido de amor por si mesmo e disposição para amar os outros. Sou centrado na verdade e vivo em alegria.

EU CURO A MIM MESMO EM TODOS OS NÍVEIS

É tempo de compaixão e de cura. Volto-me para dentro de mim e me conecto com a parte do meu ser que sabe como curar. Isso é possível. Sei que estou nesse processo. Neste momento, descubro minhas fortes e poderosas habilidades curativas. Sou incrivelmente capaz. Estou disposto a alcançar um novo nível para me restabelecer em todos os sentidos. Eu sou espírito e, por isso, sou livre para ajudar a mim mesmo e o mundo.

Eu aceito todas as partes do meu ser

A maior vantagem de me curar e de me tornar uma pessoa completa é poder aceitar todas as partes do meu eu. Eu aceito os momentos em que me saí bem e aqueles em que não me saí tão bem assim; os momentos em que estava com muito medo e aqueles em que estava amando; as ocasiões em que agi de maneira tola e aquelas em que fui brilhante e inteligente; as ocasiões em que conheci a derrota e aquelas em que alcancei a vitória. Tudo isso faz parte de mim. A maioria dos meus problemas surge por eu rejeitar algum aspecto do meu ser – por não me amar total e incondicionalmente. Não tenho vergonha de olhar para trás. Vejo o passado como parte da riqueza e da grandeza da vida. Sem ele, eu não estaria aqui hoje. Quando me aceito plenamente, torno-me uma pessoa completa e sou curada.

DEIXO QUE TODO O MEU SER VIBRE COM A LUZ

Olho bem no fundo do meu coração e encontro um minúsculo ponto de luz brilhante, de uma cor tão bonita. É o centro do meu amor e a energia de cura. Observo esse ponto de luz pulsar e crescer até preencher meu coração. Deixo que se mova pelo meu corpo, do alto da cabeça até os dedos dos pés. Estou brilhando totalmente com essa luz. Digo a mim mesmo: *Cada vez que respiro fico mais saudável.* Sinto a luz limpando meu corpo da doença. Deixo que ela irradie de mim e ilumine meu lugar no mundo.

CADA MÃO QUE ME TOCA É UMA MÃO QUE CURA

Eu sou um ser precioso e amado pelo Universo. Quando aumento o amor que sinto por mim mesmo, o Universo espelha esse sentimento e o faz crescer cada vez mais. Sei que o poder do Universo está em toda parte – em cada pessoa, coisa e lugar. Esse poder amoroso e curativo flui através dos médicos e está em todas as mãos que tocam o meu corpo. Em meu caminho atraio apenas os seres extremamente evoluídos. Minha presença ajuda a fazer aflorar nos médicos as suas qualidades espirituais e curativas.

Estou dando o próximo passo em direção à cura

Quando faço essa afirmação, sei que é um ponto de partida. Ela me abre portas. Quando a repito, estou dizendo ao meu subconsciente: *Assumo a responsabilidade. Estou ciente de que existe algo que posso fazer para mudar*. Se eu continuar fazendo essa afirmação, ou estarei pronto para qualquer coisa que acontecer – e a afirmação será verdadeira –, ou ela me abrirá uma nova porta. Serei guiado ao próximo passo que ajudará em minha cura.

MINHA CASA É UM REFÚGIO DE TRANQÜILIDADE

Minha casa é o reflexo de mim, por isso eu decido limpá-la. Limpo meu armário e minha geladeira. Pego todas as roupas que não tenho usado ultimamente e dou-as a alguém. Livro-me do velho para liberar espaço para o novo. Enquanto faço isso, digo: *Estou limpando os armários da minha mente.* Repito o processo com a geladeira. Jogo fora todos os restos de comida que já estão lá por algum tempo. As pessoas que deixam o armário e a geladeira bagunçados conservam a mente da mesma forma. Por isso faço de minha casa um lugar maravilhoso de se viver.

MINHA RENDA ESTÁ AUMENTANDO CONSTANTEMENTE

Sei que a maneira mais rápida de aumentar minha renda é mudando o meu modo de pensar. Para me tornar mais próspero, posso escolher atrair dinheiro e outras formas de riqueza. Reclamar nunca funciona. Tenho uma conta bancária mental na qual posso depositar afirmações positivas e acreditar que mereço ter coisas boas. Eu afirmo: *Minha renda está aumentando constantemente. Tenho abundância em todas as áreas da minha vida.* Percebo que atraio a fartura com facilidade.

Estou sempre protegido

Às vezes, quando minha vida está indo perfeitamente bem, fico ansioso e me pergunto se alguma coisa ruim vai acontecer e acabar com tudo. Sei que ansiedade significa medo e falta de autoconfiança e reconheço que isso acontece porque estou chateado com alguma coisa. Então agradeço à ansiedade e deixo que ela se vá. Quando fico com medo, minha adrenalina pulsa para me proteger do perigo. Eu digo ao medo: *Obrigado por querer me ajudar.* Repito uma afirmação sobre aquele medo em particular, reconheço-o e agradeço, mas não lhe dou importância.

TENHO UM POTENCIAL ILIMITADO

Alegro-me por saber que estou em sintonia com o poder que me criou. Esse poder ama toda a sua criação, inclusive eu. Sou um filho amado do Universo e tudo foi dado a mim. Sou a mais evoluída forma de vida deste planeta e fui equipado com tudo de que preciso para as experiências que eu possa vir a ter. Minha mente está sempre conectada com a Mente Única Infinita; portanto, todo conhecimento e toda sabedoria estão disponíveis para mim. Fico feliz por ser ilimitado e estou ciente de que diante de mim existem milhares de possibilidades. Confio plenamente nesse poder e sei que tudo está bem no meu mundo.

NESTE MOMENTO, EU ME AMO COMPLETAMENTE

O amor é a maior borracha que existe. Ele apaga até mesmo as mais profundas cicatrizes, porque atinge áreas que nenhuma outra coisa consegue atingir. Se as marcas da minha infância são muito intensas e culpo sempre os outros por tudo, jamais conseguirei mudar. É como se estivesse numa prisão. Então uso o espelho: olho para meu reflexo e digo a todas as partes do meu corpo e da minha alma que eu as amo. Faço isso todas as manhãs, ao acordar, e todas as noites, antes de dormir. Amo plenamente a minha alma maravilhosa.

Sou perfeito exatamente como sou

Não sou nem muito nem pouco. Não preciso provar a ninguém o que sou nem quem sou. Já tive muitas identidades, e cada uma delas era a perfeita expressão daquele momento da minha vida. Hoje estou contente em ser quem sou. Não desejo ser outra pessoa, porque não foi isso o que eu escolhi. Depois serei diferente. Sinto-me perfeito como sou agora. Sou suficiente. Estou alinhado com a vida. Não tenho necessidade de lutar para ser melhor. Tudo o que preciso fazer é me amar hoje mais do que ontem e tratar a mim mesmo como uma pessoa profundamente querida. Com alegria, reconheço a minha perfeição e a da vida.

ESTOU DISPOSTO A APRENDER ALGO NOVO TODOS OS DIAS

Quando me lembro dos meus tempos de escola, eu penso: *Não teria sido maravilhoso se, em vez de ficar decorando as datas das guerras, meus amigos e eu tivéssemos aprendido a pensar, a amar a nós mesmos, a ter bons relacionamentos, a ser pais e mães inteligentes, a lidar com dinheiro e a ser saudáveis?* Não posso mudar o passado, mas posso escolher aprender tudo isso... hoje. Enriqueço a minha vida aprendendo algo novo todos os dias – e ensinando aos outros o que sei.

EU DISPENSO OS PADRÕES

Eu crio hábitos e padrões porque eles me servem de alguma forma. Por exemplo, é impressionante a quantidade de doenças que eu criei por querer punir meus pais ou por amá-los. Talvez isso nem sempre ocorra num nível consciente, mas quando começo a olhar para dentro de mim encontro um padrão. Geralmente crio situações negativas porque não sei como lidar com alguma parte da minha vida. Preciso perguntar a mim mesmo: *O que estou lamentando? Estou com raiva de quem? O que estou tentando evitar? Como isso pode me ajudar?* Se não estou preparado para me libertar de algo que me incomoda, não importa o que eu faça; nada vai dar certo. Mas se *estou* pronto para me libertar, qualquer atitude, por menor que seja, pode me auxiliar nesse processo.

Tenho novas e maravilhosas crenças

Estas são algumas das crenças que criei para mim durante um período bom da minha vida:

- Estou sempre em segurança.
- Tudo de que preciso saber é revelado a mim.
- Consigo tudo de que necessito no momento certo.
- A vida é alegre e cheia de amor.
- Sou uma pessoa saudável e completa.
- Tenho sucesso em tudo o que faço.
- Sinto vontade de mudar e crescer.
- Tudo está bem no meu mundo.

SOU BOM O SUFICIENTE

Se há alguma coisa dentro de mim que me leva a crer que "Não posso ter isso" ou "Não sou bom o suficiente", penso comigo mesmo: *Estou disposto a me libertar dessa idéia. Não vou mais acreditar nisso.* Não preciso lutar. Não é tão difícil; basta mudar meu pensamento. Nasci para aproveitar a vida. Estou disposto a me abrir para a abundância e a prosperidade que existem em todos os lugares. Eu afirmo mentalmente aqui e agora: *Eu mereço ser próspero. Mereço o meu próprio bem.* Minha afirmação já foi realizada no nível consciente e irá se manifestar em minha experiência.

MEU AMOR É ILIMITADO

Há muito amor no mundo e no meu coração, mas às vezes eu me esqueço disso. Em alguns momentos, achando que esse amor não é suficiente, eu o guardo para mim, com medo de perdê-lo. Então eu percebo que quanto mais amor eu deixo fluir, mais amor cresce dentro de mim e mais amor eu recebo. É uma troca infinita e eterna. O amor é a força de cura mais poderosa que existe. Sem amor eu não poderia sobreviver. O amor cura, por isso eu o ofereço e o aceito sem limitações.

Meu trabalho é próspero

Sou guiado por Deus, por isso meu negócio é próspero, cresce e se expande. Escolho me livrar de qualquer pensamento negativo sobre dificuldade financeira. Abro a minha mente para a prosperidade imaginando que grandes somas inundam minha conta bancária. Eu tenho o suficiente para usar, guardar e dividir. A lei da prosperidade mantém o fluxo de caixa abundante – paga as minhas contas e me dá até mais do que preciso. Escolho ser um exemplo vivo de alguém que tem consciência da fartura. Vivo e trabalho no conforto, na tranqüilidade e na beleza. Tenho paz interior e segurança. Observo com alegria e gratidão o meu negócio crescer continuamente e prosperar muito além das minhas expectativas. Abençôo o meu trabalho com amor.

AJUDO A CRIAR UM MUNDO ONDE TODOS SE SINTAM SEGUROS PARA AMAR UNS AOS OUTROS

Sonho em ajudar a criar um mundo onde seja seguro para cada um de nós amar o outro – onde possamos ser amados e aceitos exatamente como somos. Percebo que quando me amo não me machuco nem prejudico ninguém. Eu me liberto de preconceitos e de crenças prejudiciais. Quando compreendo quão incrivelmente bonita qualquer pessoa é, encontro a resposta para a paz do mundo – um lugar onde todos se sintam seguros para amar uns aos outros. Ajudo a criar esse mundo por meio da prática diária de boas ações.

Eu vou além de todas as limitações

Cada experiência é uma etapa importante na vida, até mesmo o erro. Eu me amo pelos meus enganos e meus passos em falso. Todos foram muito valiosos para mim, ensinaram-me muitas coisas. É assim que eu aprendo. Estou disposto a parar de me castigar pelos meus erros. Em vez disso, vou me amar pela minha vontade de crescer e aprender.

TODAS AS MUDANÇAS SÃO FÁCEIS

Quando tento mudar alguma coisa em mim, às vezes a situação piora antes de melhorar. Não me preocupo se isso acontece, porque sei que é o começo do processo. É como se fossem linhas antigas se desembaraçando. Eu simplesmente me deixo levar. São necessários tempo e esforço para aprender o que preciso. Não espero mudanças imediatas. A impaciência é uma resistência ao aprendizado. Permito-me ir aprendendo passo a passo. Aos poucos tudo vai ficando mais fácil.

ESTOU DISPOSTO A ENXERGAR MINHA MAGNIFICÊNCIA

Escolho eliminar da minha mente e da minha vida todos os pensamentos negativos. Não escuto nem participo de conversas maldosas. Hoje ninguém é capaz de me prejudicar, porque eu me recuso a acreditar que posso ser ferido. Não cedo a emoções nocivas. Sou superior a tudo que me deixa com raiva ou com medo. Pensamentos destrutivos não têm nenhum poder sobre mim. Tenho habilidade de sobra para tudo o que preciso fazer. Vejo apenas a magnitude do que sou.

FAÇO UM TRABALHO MENTAL PARA ATRAIR MUDANÇAS POSITIVAS

Sei que nada ao meu redor vai se transformar antes que eu faça mudanças internas e esteja disposto a reformular minha maneira de pensar. A única coisa que preciso mudar é um pensamento – apenas um pensamento. Então penso em todas as coisas positivas que posso fazer por mim mesmo. Penso somente em coisas boas. Todos os dias, ao acordar, faço uma afirmação sobre o que quero. Expulso qualquer pensamento negativo não desejado. Sou grato por tudo o que existe de bom na minha vida. Dessa forma, faço um trabalho mental para atrair mudanças positivas.

É APENAS UM PENSAMENTO — E UM PENSAMENTO PODE SER MUDADO

Quantas vezes eu já me recusei a ter um pensamento positivo sobre alguém? Bem, então também posso me recusar a ter pensamentos negativos sobre mim mesmo. Costumamos dizer: *Não consigo parar de pensar em certas coisas*. Mas é possível parar. Basta decidir fazer isso. Não preciso lutar contra os meus pensamentos se quero mudar as coisas. Quando aquela voz negativa aparece, eu simplesmente agradeço. Não estou dando poder a ela nem negando sua existência. Estou apenas dizendo: *Tudo bem, você está aí, obrigado, mas eu escolho fazer outra coisa. Não quero mais cair nessa. Quero criar outra forma de pensar.* Não brigo com meus pensamentos. Reconheço-os e os supero.

ESTOU CONECTADO COM TODA A VIDA

Sou espírito, luz, energia, vibração, cor e amor. Sou muito mais do que eu acredito ser. Estou conectado com todas as pessoas do planeta e com toda a vida. Vejo-me saudável e completo, vivendo numa sociedade em que é seguro ser quem eu sou e amar os outros. Concentro-me nessa visão por mim mesmo e por todos nós, porque este é um tempo de cura e plenitude. Sou parte desse conjunto. Estou em comunhão com toda a vida.

EU ESCUTO AS MENSAGENS DO MEU CORPO

Neste mundo de mudanças, escolho ser flexível. Estou disposto a mudar o meu modo de ser e as minhas crenças para melhorar a qualidade da minha vida e a do mundo. Meu corpo me ama, independentemente de como eu o trate. Ele se comunica comigo e eu escuto suas mensagens. Estou disposto a entender o que ele tem a me dizer. Presto atenção e faço os ajustes necessários. Dou ao meu corpo aquilo de que ele precisa para voltar a ter uma saúde perfeita. Eu conto com uma força interior que está comigo sempre que necessito.

Eu crio o meu futuro agora

Não importa como tenha sido a minha infância; estou totalmente no controle da minha vida agora. Posso ficar o tempo todo culpando meus pais ou o ambiente em que vivi, mas isso me deixa preso ao papel de vítima. Essa atitude não traz as coisas boas que eu desejo. Minha atual forma de pensar molda meu futuro. Isso pode levar a momentos de negatividade e dor ou de alegria ilimitada. Eu escolho ter um futuro brilhante.

EU ABRO NOVAS PORTAS PARA A VIDA

À minha frente está um longo corredor cheio de portas – cada uma delas se abre para uma nova experiência. À medida que avanço, me vejo abrindo diferentes portas para maravilhosas experiências que eu gostaria de ter. Acredito que meu guia interior está me conduzindo da melhor forma possível e que minha vida espiritual está crescendo e se expandindo. Não interessa qual porta se abra ou se feche, estou sempre seguro. Sou eterno. Seguirei infinitamente de uma experiência a outra. Vejo-me abrindo portas de alegria, paz, cura, prosperidade, amor, compreensão, compaixão, perdão, liberdade e auto-estima. Está tudo aqui na minha frente.

PERMITO QUE OUTROS SEJAM ELES MESMOS

Não posso forçar os outros a mudar. Posso lhes oferecer uma atmosfera mental positiva para que tenham chance de mudar, se quiserem, mas não posso fazer isso por eles. As pessoas estão aqui para aprender suas próprias lições. Se eu consertar as coisas por elas, não vão aprender o que precisam e acabarão tendo que refazer tudo. O que eu posso fazer é amá-las, permitir que sejam quem são e mostar que a verdade está dentro de cada um e que elas podem mudar quando quiserem.

Eu me comunico abertamente com meus filhos

Mantenho um diálogo aberto com meus filhos, principalmente durante a adolescência deles. Sei que quando começam a questionar determinadas coisas é porque já ouviram milhares de vezes: *Não diga isso, Não faça aquilo, Não sinta isso, Não seja assim, Não expresse isso, Não, não, não!* O resultado de tanto *não* é que eles param de se comunicar. Eu evito esse tipo de problema escutando, discutindo suas idéias, dando atenção aos seus pensamentos e conversando com eles para lidar com situações difíceis. Meus filhos e eu construímos um maravilhoso relacionamento.

ESTOU SEGURO NO MEU MUNDO

Quando sinto medo, tenho tendência a me encher de comida como forma de compensação. Reconheço que nesses momentos existe alguma coisa em minha vida que causa insegurança. Uma pessoa pode lutar contra a balança por 20 anos e continuar gorda, porque não terá eliminado a causa por trás da obesidade. Se estou acima do peso, devo deixar a gordura de lado e trabalhar em outro problema primeiro – meu pensamento, que diz: *Preciso de proteção.* Porém, sei que não posso ficar com raiva se a gordura permanecer, pois as células respondem aos meus pensamentos. Quando a necessidade de proteção não existir mais, ou quando eu começar a me sentir seguro, a gordura desaparecerá por si mesma. O que eu escolho pensar hoje é o que vai mudar a minha aparência amanhã.

VALE A PENA EU ME AMAR

Tenho tanto direito de receber amor quanto de respirar. Tenho o direito de respirar porque existo. Tenho o direito de ser amado porque existo. Sou merecedor do meu próprio amor. Não permito que a opinião negativa dos outros ou o preconceito da sociedade me façam achar que não sou bom o suficiente. Eu mereço ser amado. Aceito e reconheço isso. Percebo que agora me tratam como uma pessoa merecedora de amor.

Eu me liberto do sentimento de culpa

No passado, eu vivia sob uma pesada nuvem de culpa. Sempre achava que não fazia nada direito. Ficava me justificando o tempo todo. Não me perdoava pelas coisas que fazia. Eu manipulava os outros da mesma forma que eles me manipulavam. Mas agora eu sei que sentir culpa não resolve nada. Se fiz alguma coisa no passado da qual me arrependo, não a faço mais! Se for possível, me redimo. Se não, simplesmente não repito aquele comportamento. Estou ciente de que a culpa busca punição, e a punição gera dor. Então perdôo a mim mesmo e os outros. Liberto-me da prisão que criei para mim.

MANTENHO MEU MUNDO INTERIOR TRANQÜILO

Eu me mantenho centrado na paz interior, por isso tenho paz no mundo exterior. O fato de outras pessoas viverem em meio à discórdia e ao conflito não me afeta, pois eu declaro paz a mim mesmo. O Universo é repleto de ordem e serenidade e eu expresso isso em cada momento da minha vida. As estrelas e os planetas não precisam se preocupar em manter sua órbita; tampouco um pensamento caótico contribui para uma vida serena. Eu escolho transmitir tranqüilidade, porque eu sou a paz.

EU FALO E PENSO DE FORMA POSITIVA

Se eu pudesse compreender o poder das minhas palavras, seria muito cuidadoso com o que digo. Faria afirmações positivas constantemente. O Universo sempre diz sim para qualquer coisa que eu diga, não importa em que eu acredite. Se decido me menosprezar, achar que a vida nunca será boa e que jamais conseguirei o que quero, o Universo me dará exatamente isso. No momento em que eu escolher mudar, em que estiver disposto a trazer coisas positivas para a minha vida, o Universo também responderá positivamente.

Eu sou puro espírito

Olho para dentro de mim e vejo uma parte que é puro espírito, pura luz e pura energia. Visualizo as minhas limitações desaparecendo uma a uma, até que eu esteja a salvo, curado e completo. Eu sei que não importa o que esteja acontecendo em minha vida, não importa quão difíceis as coisas possam ser; no fundo, estou seguro e pleno. Sempre estarei. Vida após vida, eu sou um espírito reluzente – uma linda luz. Algumas vezes venho para este planeta e escondo a minha luz, mas ela está sempre lá. À medida que me liberto das limitações e reconheço a verdadeira beleza do meu ser, brilho mais. Eu sou energia. Eu sou o espírito do amor. Eu deixo a minha luz brilhar.

EU APRENDO COM A PRÁTICA

Eu me elogio e digo a mim mesmo que sou absolutamente maravilhoso. Quando faço alguma coisa nova, não me martirizo se não atinjo a perfeição na primeira tentativa. Eu treino; assim, aprendo o que funciona e o que *não* funciona. Na próxima ocasião em que eu fizer algo novo ou diferente, algo que ainda esteja aprendendo, não deixarei de me apoiar. Não vou ficar falando sobre o que deu errado, e sim sobre o que deu certo. Eu me elogio e me incentivo para que da próxima vez eu me sinta bem. Eu me tornarei cada vez melhor. Em pouco tempo dominarei uma nova habilidade.

EU RECEBO PRESENTES MARAVILHOSOS

Eu aprendo a aceitar a prosperidade em vez de trocá-la. Se um amigo me dá um presente ou me leva para almoçar, não preciso retribuir imediatamente. Permito que a pessoa me dê o presente e o aceito com alegria e prazer. Eu posso até não vir a retribuir. Se alguém me dá um presente que eu não quero, digo *Aceito este presente com alegria, prazer e gratidão* e depois o passo adiante.

Eu amo ser eu

Se eu pudesse viver sem nunca ser criticado por ninguém, ficaria bem tranqüilo e sereno. Eu me levantaria pela manhã e teria um excelente dia, porque todas as pessoas me amariam e ninguém me julgaria ou me colocaria para baixo. Eu me sentiria muito bem. Hoje percebo que posso me dar esse presente. Posso fazer da experiência de viver comigo mesmo algo fabuloso. Posso acordar de manhã me amando, me elogiando e dizendo a mim mesmo: *Eu amo ser eu!*

TODOS OS MEUS RELACIONAMENTOS ESTÃO ENVOLVIDOS POR UM CÍRCULO DE AMOR

Eu envolvo as pessoas queridas em um círculo de amor, quer estejam vivas ou não. Incluo meus amigos, minha família, meu cônjuge, meus colegas de trabalho, meus conhecidos do passado e todos aqueles que eu gostaria de perdoar e não sei como. Afirmo que tenho com todos eles um relacionamento harmonioso e maravilhoso em que existe respeito mútuo e carinho de ambas as partes. Eu sei que posso viver com dignidade, paz e alegria. Deixo que esse círculo de amor cubra todo o planeta. Permito que meu coração se abra para que eu possa ser preenchido por um amor incondicional. Vale a pena me amar. Eu sou uma pessoa linda e poderosa. Eu me abro para tudo o que é bom.

EU ESTOU LIVRE E EM PAZ

Hoje eu sou uma nova pessoa. Relaxo e liberto meus pensamentos de qualquer tipo de pressão. Nenhum ser, coisa ou lugar pode me irritar ou me aborrecer. Estou em paz. Sou livre e vivo em um mundo que é o reflexo do meu próprio amor e da minha compreensão. Eu não sou contra nada. Pelo contrário, sou a favor de qualquer coisa que vá melhorar minha qualidade de vida. Uso as palavras e os pensamentos para moldar o meu futuro. Sempre expresso gratidão e procuro motivos para agradecer. Sou tranqüilo e vivo em paz.

Eu respiro amor e sigo o fluxo da vida

Estou me expandindo ou me contraindo? Quando dou expansão à minha forma de pensar, a minhas crenças e a tudo que se refere a mim, o amor flui livremente. Quando me contraio, ergo barreiras à minha volta e me fecho. Se estou com medo, me sentindo ameaçado ou achando que há algo errado, respiro profundamente. Respirar faz todo o meu ser se abrir. Estica a minha coluna, expande meu peito. Dá ao meu coração espaço para crescer. Quando pratico a respiração, derrubo barreiras e começo a me abrir. É um ponto de partida. Em vez de entrar em pânico, inspiro e expiro algumas vezes e pergunto a mim mesmo: *Quero me contrair ou me expandir?*

EU LIBERTO TODA A ENERGIA NEGATIVA

Não importa por quanto tempo as crenças negativas tenham estado no meu subconsciente. Agora eu afirmo que estou livre delas. Afirmo que estou disposto a me libertar das causas que estão criando condições negativas em minha vida. Afirmo que desejo me livrar dessa negatividade. Sei que isso irá desaparecer, se desfazer e se dissolver no nada, de onde veio. O velho lixo não tem mais controle sobre mim. Estou livre!

EU DEIXO QUE O PASSADO SE VÁ COM TRANQÜILIDADE E CONFIO NO PROCESSO DA VIDA

Fecho a porta para lembranças antigas e dolorosas. Fecho a porta para velhas feridas e comportamentos imperdoáveis. Escolho um acontecimento do passado em que tenha havido dor e rancor alguma coisa que eu ache difícil de perdoar ou relembrar – e me pergunto: *Por quanto tempo quero ficar guardando isso? Por quanto tempo quero sofrer por algo que ocorreu no passado?* Então vejo um riacho na minha frente, pego essa experiência antiga, essa dor, essa ferida, essa falta de perdão, coloco na água e observo tudo começar a se dissolver e ser levado... até que desapareça por completo. Eu tenho, *sim*, a capacidade de me libertar.

Eu mereço a alegria

Eu mereço viver numa atmosfera de alegria e aceitação. Afirmo diariamente que mereço coisas boas e que estou disposto a superar as limitações dos meus pais e da minha infância. Olho no espelho e repito: *Eu mereço tudo de bom. Mereço a prosperidade. Mereço a alegria. Mereço o amor.* Abro bastante os braços e digo: *Estou aberto e receptivo. Sou maravilhoso.*

EU PROGRAMO A MINHA MENTE COM PENSAMENTOS POSITIVOS

Reprogramar minhas crenças negativas é um ato muito poderoso. Uma boa forma de fazer isso é gravar a minha própria voz. Ela significa muito para mim. Registro as afirmações numa gravação e depois as escuto. Isso tem um grande valor. Se eu quiser que esse processo seja ainda mais poderoso, peço que minha mãe grave as afirmações para mim. Imagino-me indo deitar e ouvindo a voz dela me dizendo como eu sou uma pessoa maravilhosa, quanto ela me ama, como ela sente orgulho de mim e sabe que eu posso ser *qualquer coisa* neste mundo.

EU SOU MOTIVADO PELO AMOR

Tiro de dentro de mim toda amargura e todo ressentimento. Estou totalmente disposto a perdoar. Se me lembro de alguém que me prejudicou em algum momento, abençôo essa pessoa com amor e a liberto. Eu sei que ninguém pode tirar de mim o que é meu por direito. Aquilo que me pertence sempre voltará para mim. Se alguma coisa não volta, é porque não me pertence. Eu aceito essa idéia em paz. Abrir mão do ressentimento é extremamente importante. Eu confio em mim mesmo. Estou protegido e sou motivado pelo amor.

ESTOU NO LUGAR CERTO

Tudo de que eu preciso vem a mim no momento exato. Assim como as estrelas e os planetas estão em perfeita órbita e na correta ordem divina, eu também estou. Posso não entender com minha limitada mente humana tudo o que acontece, mas sei que, no nível cósmico, eu devo estar no lugar certo, na hora certa, fazendo a coisa certa. Pensar de forma positiva é a minha escolha. Essa experiência é o ponto de partida para uma nova consciência e uma grande glória.

AGRADEÇO TODOS OS DIAS

Sou grato por todas as coisas maravilhosas no meu mundo: as flores perfumadas, a deliciosa comida, os incríveis computadores e outros inventos tecnológicos que tornam a vida mais fácil, meus bons amigos, minha linda casa, meu carro confortável, meus adoráveis animais de estimação, minha mente brilhante, meu corpo saudável – tudo! Eu sempre expresso a minha gratidão ao Universo, sabendo que os meus pensamentos são ouvidos e apreciados. Eu tenho uma eterna atitude de gratidão.

PERDÔO A TODOS, ATÉ A MIM MESMO

Quando me agarro ao passado com rancor e raiva e não me permito vivenciar o momento presente, estou desperdiçando o hoje. Se fico preso à amargura por muito tempo, isso não significa que eu não consigo perdoar o outro, mas a mim mesmo. Se guardo mágoas antigas, eu me castigo aqui e agora. Não quero mais ser prisioneiro de ressentimentos. Prefiro ser feliz a estar sempre com a razão. Eu me perdôo e paro de me castigar.

Eu me alegro com meu trabalho

Meu trabalho é um meio de expressar vida. Eu me alegro com ele. Agradeço cada oportunidade que tenho de demonstrar que o poder da inteligência divina flui através de mim. Sempre que me vejo diante de um desafio, sei que se trata de uma oportunidade; então acalmo meus pensamentos, voltome para dentro de mim e espero até que palavras tranqüilas preencham a minha mente. Aceito essas revelações com alegria e sei que mereço as recompensas justas por um trabalho bem-feito. Em troca desse trabalho maravilhoso, sou abundantemente recompensado. Meus colegas de profissão – toda a humanidade – são companheiros, amáveis, alegres, otimistas e trabalhadores poderosos no campo espiritual, e nos abençoamos uns aos outros.

EU ME LIBERTO DOS "DEVERES" DA MINHA VIDA

Eu retiro a palavra *dever* do meu vocabulário para sempre. *Dever* é uma palavra que faz de mim um prisioneiro. Sempre que repito *dever*, estou incorrendo em erro ou fazendo outra pessoa errar. Estou, na verdade, dizendo: *Não sou bom o suficiente.* De agora em diante substituo a palavra *dever* pela palavra *poder*. *Poder* me faz lembrar que eu tenho uma escolha, e escolher é ter liberdade. Preciso ter consciência de que tudo o que faço na vida é uma escolha. Não existe nada que eu *tenha* que fazer. Eu sempre tenho opção.

EU DURMO TRANQÜILAMENTE

Dormir é o momento de me recuperar e de reorganizar o dia. Meu corpo se recompõe, se renova e se revitaliza. Minha mente entra num estágio em que os problemas são esquecidos. Ao dormir eu me preparo para um novo dia. Enquanto entro nesse estágio, levo pensamentos positivos comigo – afirmações que criam um dia maravilhoso e um futuro espetacular. Então, se há raiva e culpa dentro de mim, deixo sair. Se há ressentimento ou medo, deixo sair. Se há ciúme ou ódio, deixo sair. Se há necessidade de autopunição, deixo sair. Eu sinto apenas paz em minha mente e em meu corpo enquanto caio no sono.

SOU SAUDÁVEL E CHEIO DE ENERGIA

Meu corpo é um lugar maravilhoso para se viver. Respeito meu corpo e o trato bem. Cuido dele com alimentos saudáveis e exercícios físicos. Faço afirmações positivas sobre ele e sempre digo que o amo. Eu me conecto com a energia do Universo e a deixo fluir através de mim. Eu tenho uma energia incrível. Sou radiante e cheio de vitalidade!

PARA TODO PROBLEMA EXISTE UMA SOLUÇÃO

Para cada problema que eu crio existe uma solução. Não sou limitado pelo raciocínio da minha mente humana, pois estou conectado com toda a sabedoria e o conhecimento do Universo. Venho do amor e sei que ele abre todas as portas. Há um poder sempre presente que me ajuda a identificar e a superar os desafios e as crises em minha vida. Tenho consciência de que todos os problemas já foram resolvidos em algum lugar do mundo, portanto sei que eu também posso resolvê-los. Eu me deixo envolver por um casulo de amor e tudo fica bem no meu mundo.

O ESPÍRITO INFINITO É ETERNO

Eu sei que o Sol está sempre brilhando. Mesmo que nuvens apareçam e o cubram por um tempo, ele está brilhando. E quando a Terra gira e o Sol se põe, ele não deixa de brilhar. O mesmo acontece com o Poder Infinito e o Espírito Infinito. Eles são eternos. Estão sempre aqui, sempre me iluminando. Posso ocultar a presença deles com nuvens de negatividade, mas esse espírito, esse poder, essa energia de cura estão sempre comigo.

Estou numa jornada infinita pela eternidade

Na infinidade da vida, tudo é perfeito, único e completo. O ciclo da vida também é perfeito, único e completo. Existe um tempo para começar, um tempo para crescer, um tempo para ser, um tempo para cansar e um tempo para partir. Tudo isso faz parte da perfeição da vida. Eu percebo isso como algo natural e, apesar de me entristecer em alguns momentos, aceito esse ciclo e seus ritmos. Algumas vezes há um fim abrupto no meio do ciclo, o que faz com que me sinta perdido e ameaçado, como quando alguém morre de repente ou alguma coisa importante é destruída. Porém, eu sei que a vida está sempre mudando. Não há começo nem fim, somente um fluxo contínuo de substância e experiência. A vida nunca está presa ou estática, já que cada momento é sempre novo e fresco. Cada fim é um novo ponto de partida.

EU ME CONCENTRO NOS PENSAMENTOS POSITIVOS

Pensamentos são como gotas d'água. Se eu penso nas mesmas coisas o tempo todo, estou criando uma imensa massa de água. Primeiro eu tenho uma pequena poça, depois posso chegar a um lago e, se continuar a ter os mesmos pensamentos, crio uma lagoa e, finalmente, um mar. Se meus pensamentos são negativos, posso me afogar no mar da minha própria negatividade. Se são positivos, posso flutuar no oceano da vida.

ESTOU AQUI NO MOMENTO CERTO

Estou numa jornada infinita pela eternidade, e o tempo que eu passo neste plano da realidade é apenas um breve instante. Eu escolhi estar neste planeta para aprender lições, trabalhar no meu crescimento espiritual e expandir minha capacidade de amar. Não há momento certo nem errado para ir e vir. É como se eu sempre chegasse e saísse no meio do filme. Vou embora quando minha missão acaba. Eu vim para aprender a me amar mais e para dividir esse amor com todos à minha volta. Vim para abrir meu coração em um nível mais profundo. Minha capacidade de amar é a única coisa que levo comigo quando vou embora.

Eu amo tudo o que crio para mim

Eu me amo e me aceito exatamente como sou. Eu me apóio e tenho confiança em mim mesmo em qualquer situação. Coloco a mão sobre o meu coração e sinto o amor que há ali. Sei que posso me aceitar aqui e agora. Eu aceito meu corpo, meu peso, minha altura, minha aparência, minha sexualidade e minhas experiências. Aceito tudo o que criei para mim mesmo – o passado e o presente. Estou disposto a permitir que meu futuro aconteça. Eu sou uma divina e magnífica expressão da vida e mereço o melhor. Eu aceito isso para mim agora. Eu aceito milagres. Eu aceito a cura. Eu aceito a plenitude. E, acima de tudo, eu me aceito. Eu tenho um grande valor e gosto de quem sou.

EU ME AMO E ME ACEITO NESTE MOMENTO

Eu me amo neste exato momento – não espero até que eu perca peso, consiga um novo emprego, encontre um amor ou qualquer outra coisa. Este momento é a minha realidade e eu sei que a única oportunidade que tenho de começar a me amar está aqui e agora. Amor incondicional é amor sem expectativas ou condições – esta é a forma que escolho de me amar. Isso significa me aceitar como eu sou.

ESTOU EM SINTONIA COM TODOS NO PLANETA

Não acredito nos poderes do bem e do mal. Acredito que há um Espírito Infinito e que existem os seres humanos que têm oportunidade de usar sua inteligência, sua sabedoria e outras ferramentas de várias formas. Quando digo *seres humanos*, estou na verdade falando de *mim*, porque eu sou as pessoas, o governo, as igrejas e o planeta. O lugar para começar a fazer mudanças é justamente aqui onde estou. É muito fácil colocar a responsabilidade no diabo ou nos outros. Na verdade, a responsabilidade é sempre minha!

Eu percebo meu verdadeiro ser

Eu tenho consciência da minha unidade com a presença e o poder de Deus. Minha sabedoria e minha compreensão do Espírito crescem e eu expresso a beleza e a força do meu verdadeiro ser. A ordem divina está sempre presente na minha experiência. Tenho tempo suficiente para tudo o que escolho fazer. Expresso sabedoria, compreensão e amor em todas as minhas relações com os outros, e as minhas palavras são guiadas por Deus. Eu me vejo expressando a energia criativa do Espírito no meu trabalho, nas coisas que escrevo e naquilo que falo. Idéias divertidas e edificantes fluem pela minha consciência. Aceito-as e as coloco em prática.

SOU UM SER SINGULAR

Eu não sou meu pai. Não sou minha mãe. Não sou nenhum de meus parentes. Não sou meus professores da escola, tampouco sou as limitações da minha infância. Eu sou eu mesmo. Sou especial e único, com meu conjunto próprio de habilidades e talentos. Ninguém pode fazer as coisas exatamente do jeito que eu faço. Não há competição nem comparação. Eu mereço me amar e me aceitar. Eu sou um ser magnífico. Eu sou livre. Reconheço isso como sendo a minha nova verdade.

EU SOU UM VENCEDOR NATURAL

Quando aprendo a me amar, me torno poderoso. Meu amor-próprio me eleva da posição de vítima à de vencedor. O amor que tenho por mim atrai experiências magníficas. As pessoas que se sentem bem consigo mesmas são naturalmente atraentes porque têm uma aura maravilhosa. Elas são sempre vencedoras. Estou disposto a aprender a me amar agora. Eu também sou um vencedor.

Eu expresso livremente quem sou

Eu sou realmente abençoado. Tenho grandes oportunidades de ser eu mesmo e de expressar quem sou. Sou a beleza e a alegria do Universo. Cerco-me de honestidade e justiça. Sei que a ação divina está sempre em curso e, seja qual for seu desfecho, ele é perfeito para mim e para todos os envolvidos. Estou em sintonia com o poder que me criou. Eu sou maravilhoso e me alegro com a verdade do meu ser. Eu me aceito assim e deixo as coisas acontecerem. Digo *Deixe acontecer* e sei que tudo está bem em meu mundo aqui e agora.

EU CONFIO NA MINHA INTELIGÊNCIA

Há uma inteligência que está em toda parte, onipresente. Ela está dentro de mim e em tudo o que busco. Quando me perco ou perco alguma coisa, eu não digo: *Estou no lugar errado, não vou encontrar meu caminho*. Eu sei que nada se perde na Mente Divina. Confio inteiramente na inteligência dentro de mim para me guiar pelo caminho certo.

FAÇO PARTE DO TODO

Eu sou uma idéia divina que se expressa por meio da Mente Única. Tudo o que faço é com base na única verdade – a verdade do meu ser e da vida. A ação divina me guia por todos os momentos do dia. Eu digo a palavra certa na hora certa e faço sempre a coisa certa. Sou parte do conjunto, como todos. Há uma fantástica troca de energia quando as pessoas trabalham juntas alegremente, apoiando e dando força umas às outras de forma produtiva e satisfatória. Eu sou saudável, feliz, afetuoso, alegre, respeitável, cooperativo, eficiente e estou em paz comigo mesmo e com os outros.

Eu abençôo minha família com amor

Nem todo mundo tem a família especial que eu tenho, nem tantas oportunidades de abrir o coração do jeito que a minha família me permite fazer. Eu não sou limitado pelo que os vizinhos pensam ou pelos preconceitos da sociedade. Sou maior do que isso. Tenho uma família cheia de amor e aceito com orgulho cada um dos seus membros. Eu sou especial e mereço ser amado. Eu amo cada integrante da minha maravilhosa família e cada um deles me ama e me adora. Eu estou a salvo. Tudo está bem no meu mundo.

Estou disposto a mudar e crescer

Estou disposto a aprender coisas novas porque tenho consciência de que não sei tudo. Estou disposto a abandonar antigos conceitos quando eles não funcionarem mais para mim. Estou disposto a ver as situações em minha vida e dizer: *Eu não quero mais fazer isso.* Sei que posso me tornar mais do que sou – não uma pessoa melhor, porque isso significaria que eu não sou bom o suficiente, mas posso me tornar *mais* do que sou. Crescer e mudar é emocionante, mesmo que eu tenha que lidar com algumas coisas dolorosas dentro de mim para que isso aconteça.

EU SIGO MINHA SABEDORIA INTERIOR

Minha sabedoria interior tem todas as respostas. Às vezes assusta um pouco saber isso, porque a resposta que eu recebo de dentro de mim pode ser bem diferente da que as pessoas esperam. Mesmo assim sei o que é certo para mim e se eu seguir essa sabedoria interior, fico em paz com minha própria existência. Eu apóio a mim mesmo quando escolho o que é bom para a minha vida. Quando fico em dúvida, me pergunto: *Estou ouvindo meu coração? Essa decisão é para o meu bem? Isso é o melhor para mim agora?* A decisão que eu tomar mais tarde – dentro de um dia, uma semana ou um mês – pode já não ser mais a escolha certa, e nesse caso eu posso mudá-la. Eu me pergunto a todo momento: *Isso é o melhor para mim?* E respondo: *Eu me amo e estou fazendo as escolhas certas.*

ESTE MUNDO É MEU PARAÍSO NA TERRA

Neste novo milênio, vejo uma comunidade de almas generosas que se unem para compartilhar, crescer e irradiar energia para o mundo, sendo que cada um é livre para seguir seu propósito individual. Eu ajudo a criar um mundo onde o cuidado com o crescimento espiritual é o mais importante e onde esse é o objetivo de todos. Tenho bastante tempo e oportunidade para expressar a criatividade em qualquer área que eu escolha. Nesse mundo, ganhar dinheiro não será prioridade de modo algum e, portanto, não haverá qualquer preocupação com isso. Serei capaz de expressar todas as minhas necessidades por meio de meus poderes internos. A educação será um processo de lembrar aquilo que eu já sei e trazê-lo para o nível consciente. Não haverá doença, pobreza, crime ou traição. O mundo do futuro começa agora, exatamente aqui, com todos nós.

INFORMAÇÕES SOBRE OS PRÓXIMOS LANÇAMENTOS

Para receber informações sobre os lançamentos da EDITORA SEXTANTE, basta enviar um e-mail para atendimento@esextante.com.br ou cadastrar-se diretamente no site www.sextante.com.br

Para saber mais sobre nossos títulos e autores, e enviar seus comentários sobre este livro, visite o nosso site: www.sextante.com.br

EDITORA SEXTANTE
Rua Voluntários da Pátria, 45 / 1.404 – Botafogo
Rio de Janeiro – RJ – 22270-000 – Brasil
Telefone: (21) 2286-9944 – Fax: (21) 2286-9244
E-mail: atendimento@esextante.com.br